AF221614

Impressum
Verlag: BABADADA GmbH, Nedderfeld 112 , 22529 Hamburg
Geschäftsführer / Verlagsleitung: Harald Hof
Druck: Books on Demand GmbH, In de Tarpen 42, 22848 Norderstedt

Imprint
Publisher: BABADADA GmbH, Nedderfeld 112 , 22529 Hamburg, Germany
Managing Director / Publishing direction: Harald Hof
Print: Books on Demand GmbH, In de Tarpen 42, 22848 Norderstedt

škola
學校

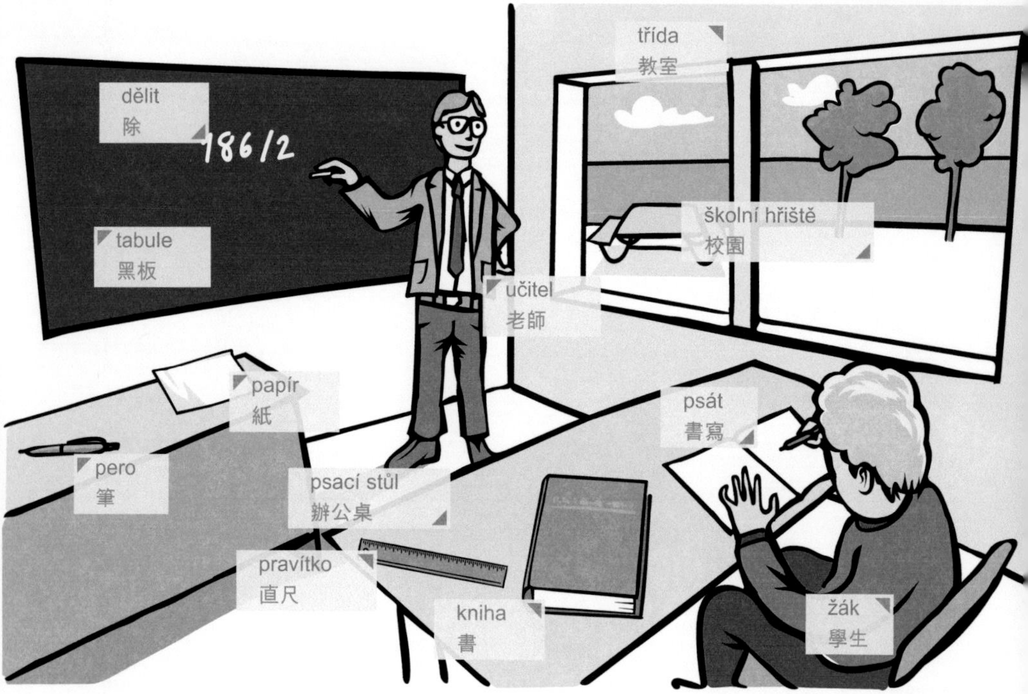

třída
教室
dělit
除
186/2
tabule
黑板
školní hřiště
校園
učitel
老師
papír
紙
psát
書寫
pero
筆
psací stůl
辦公桌
pravítko
直尺
kniha
書
žák
學生

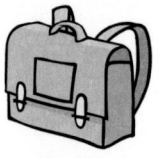

aktovka

書包

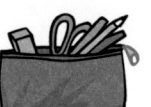

penál

鉛筆盒

tužka

鉛筆

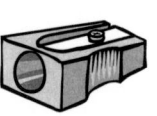

ořezávátko

削鉛筆機

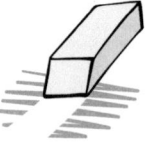

guma

橡皮擦

blok na kreslení

畫板

výkres

圖畫

štětec

畫筆

malířské potřeby

顏料盒

nůžky

剪刀

lepidlo

膠水

cvičebnice

練習冊

domácí úkol

家庭作業

počet

數字

sčítat

加

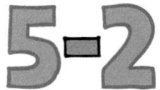

odčítat

減

násobit

乘

počítat

計算

písmeno

字母

abeceda

字母表

slovo

字

text

課文

číst

讀

křída

粉筆

hodina

上課

třídní kniha

登記

zkouška

考試

vysvědčení

證書

školní uniforma

校服

vzdělání

教育

encyklopedie

百科全書

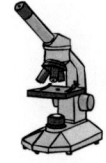

univerzita

大學

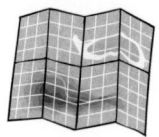

mikroskop

顯微鏡

karta

地圖

odpadkový koš na papír

廢紙簍

cesta
旅行

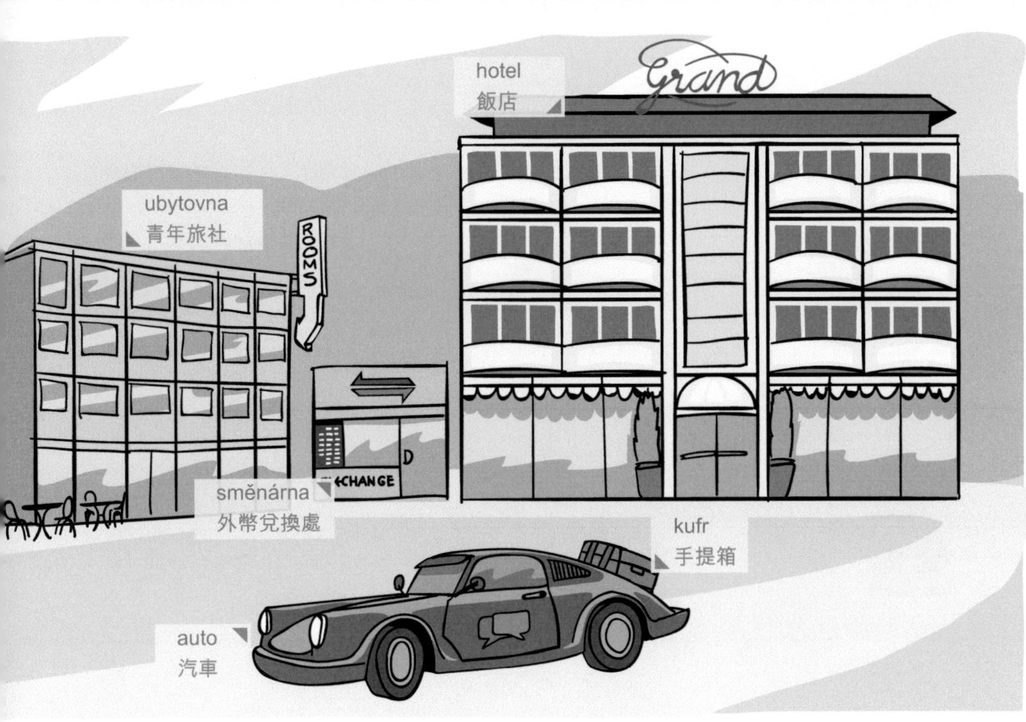

hotel
飯店
Grand
ubytovna
青年旅社
ROOMS
EXCHANGE
směnárna
外幣兌換處
kufr
手提箱
auto
汽車

jazyk

語言

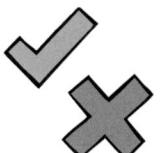

ano / ne

是/否

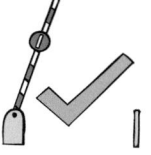

oukej

好的

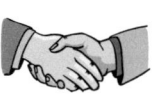

Ahoj!

您好

překladatel

翻譯人員

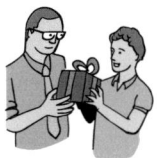

děkuji

謝謝

Kolik stojí...?

......多少錢？

nerozumím

我不明白

problém

問題

Dobrý večer!

晚上好！

Dobré ráno!

早上好！

Dobrou noc!

晚安！

na shledanou

再見

směr

方向

zavazadlo

行李

taška

包

batoh

背包

host

客人

pokoj

房間

spací pytel

睡袋

stan

帳篷

turistické informace

旅行資訊

pláž

海灘

kreditní karta

信用卡

snídaně

早餐

oběd

午餐

večeře

晚餐

jízdenka

票

výtah

電梯

poštovní známka

郵票

hranice

邊界

clo

海關

poselství

大使館

vízum

簽證

pas

護照

transport
交通運送

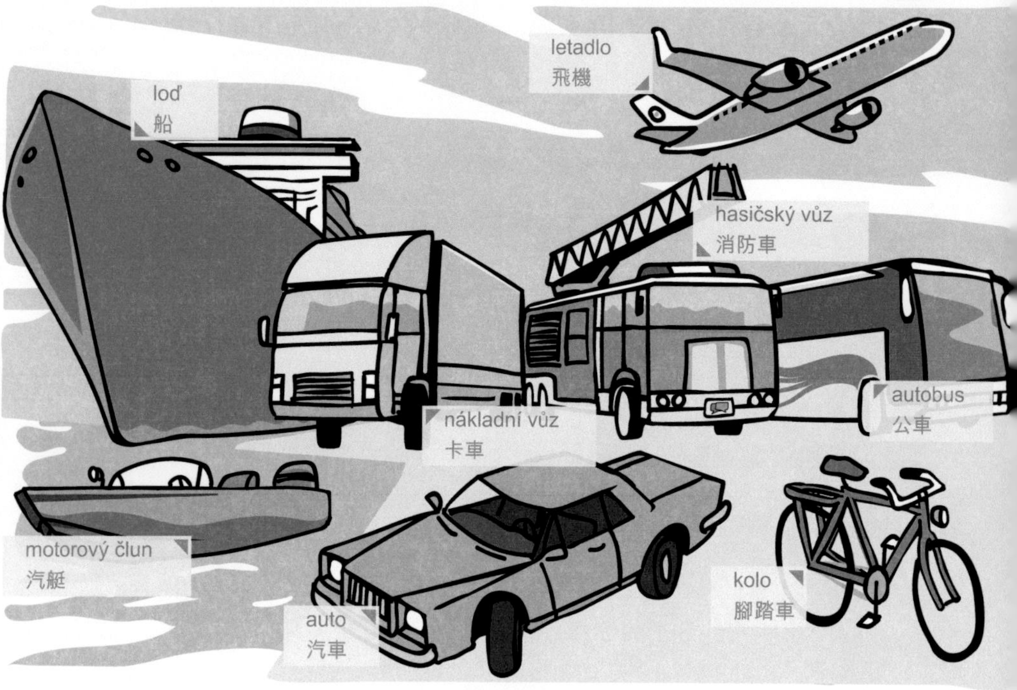

letadlo
飛機
loď
船
hasičský vůz
消防車
nákladní vůz
卡車
autobus
公車
motorový člun
汽艇
kolo
腳踏車
auto
汽車

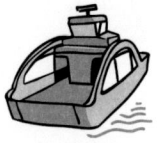

přívoz

渡輪

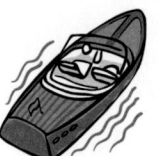

člun

小船

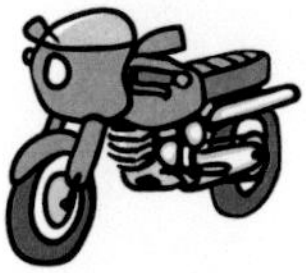

motorka

機車

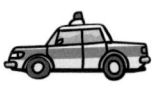

policejní auto

警車

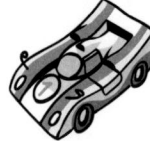

závodní auto

賽車

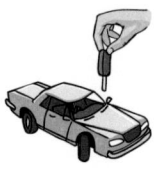

pronajaté auto

租車

sdílení aut

拼車

odtahová služba

拖車

popelářský vůz

垃圾車

motor

馬達

palivo

汽油

čerpací stanice

加油站

dopravní značka

交通標識

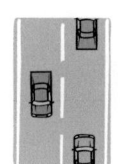

doprava

交通

dopravní zácpa

交通堵塞

parkoviště

停車場

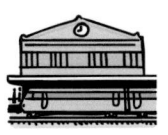

vlakové nádraží

火車站

koleje

軌道

vlak

火車

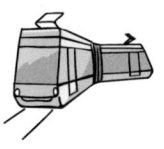

tramvaj

路面電車

vagón

客車廂

helikoptéra

直升機

letiště

機場

věž

塔

pasažér

乘客

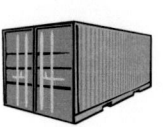

kontejner

集裝箱

kartón

紙板箱

trakař

手推車

koš

籃子

vzlétnout / přistát

起飛/降落

město

城市

vesnice

村莊

střed města

市中心

dům

房子

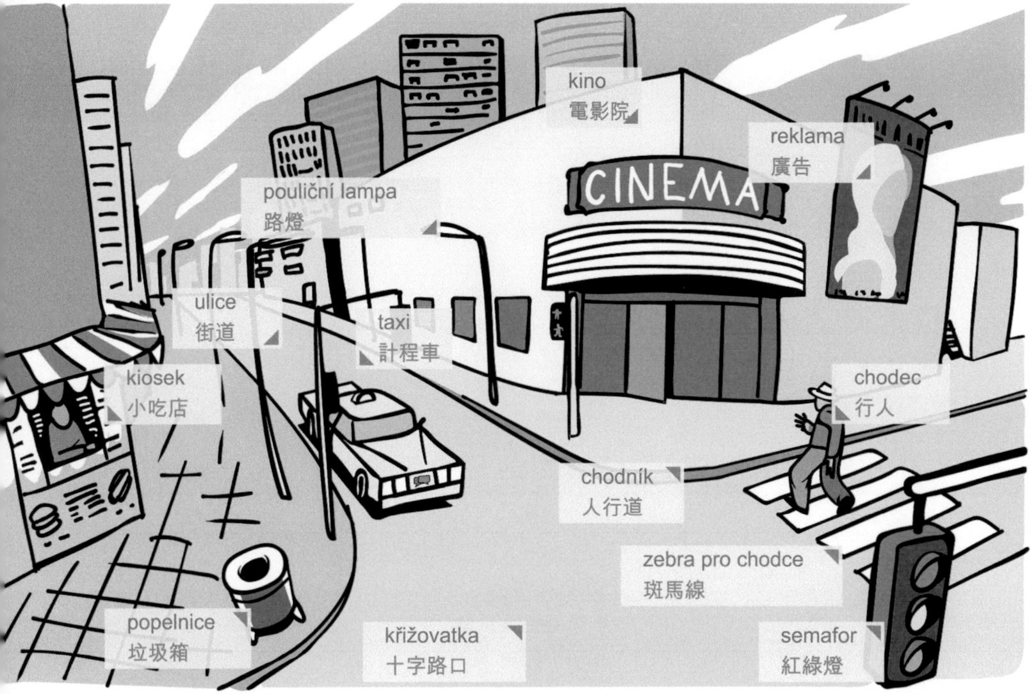

kino
電影院
reklama
廣告
pouliční lampa
路燈
CINEMA
ulice
街道
taxi
計程車
kiosek
小吃店
chodec
行人
chodník
人行道
zebra pro chodce
斑馬線
popelnice
垃圾箱
křižovatka
十字路口
semafor
紅綠燈

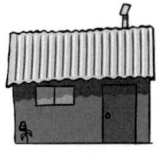

chata

小屋

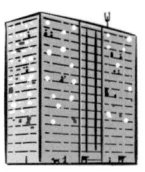

byt

公寓

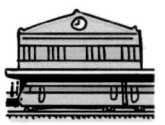

vlakové nádraží

火車站

radnice

市政廳

MUSEUM

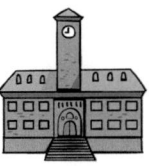

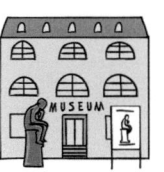

muzeum

博物館

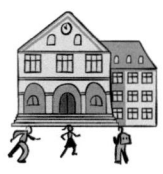

škola

學校

univerzita

大學

banka

銀行

nemocnice

醫院

hotel

飯店

lékárna

藥房

kancelář

辦公室

knihkupectví

書店

obchod

商店

květinářství

花店

supermarket

超市

tržnice

市場

obchodní dům

百貨商店

rybárna

魚店

nákupní centrum

購物中心

přístav

海港

park

公園

lavička

長凳

most

橋

schody

樓梯

metro

捷運

tunel

隧道

autobusová zastávka

公車站

bar

酒吧

restaurace

餐館

poštovní schránka

郵筒

pouliční tabule

路標

parkovací hodiny

停車計時器

zoo

動物園

plovárna

游泳池

mešita

清真寺

usedlost

農場

znečišťování životního prostředí

污染

hřbitov

墓地

církev

教堂

hřiště

操場

chrám

寺廟

krajina

地形

list
樹葉

rozcestník
指示牌

cesta
路

louka
草地

kámen
石頭

strom
樹

turista
徒步旅行者

řeka
河

tráva
草

květina
花

údolí

峽谷

hora

丘陵

jezero

湖

les

森林

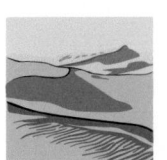

poušť

沙漠

sopka

火山

zámek

城堡

duha

彩虹

houba

蘑菇

palma

棕櫚樹

komár

蚊子

moucha

蒼蠅

mravenec

螞蟻

včela

蜜蜂

pavouk

蜘蛛

brouk

甲蟲

žába

青蛙

veverka

松鼠

ježek

刺蝟

zajíc

野兔

sova

貓頭鷹

pták

鳥

labuť

天鵝

divoké prase

野豬

jelen

鹿

los

麋鹿

přehrada

水壩

větrné kolo

風力發電機

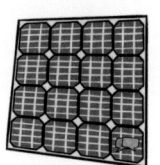

solární panel

太陽能電池板

podnebí

氣候

restaurace
餐館

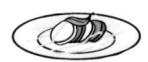

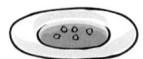

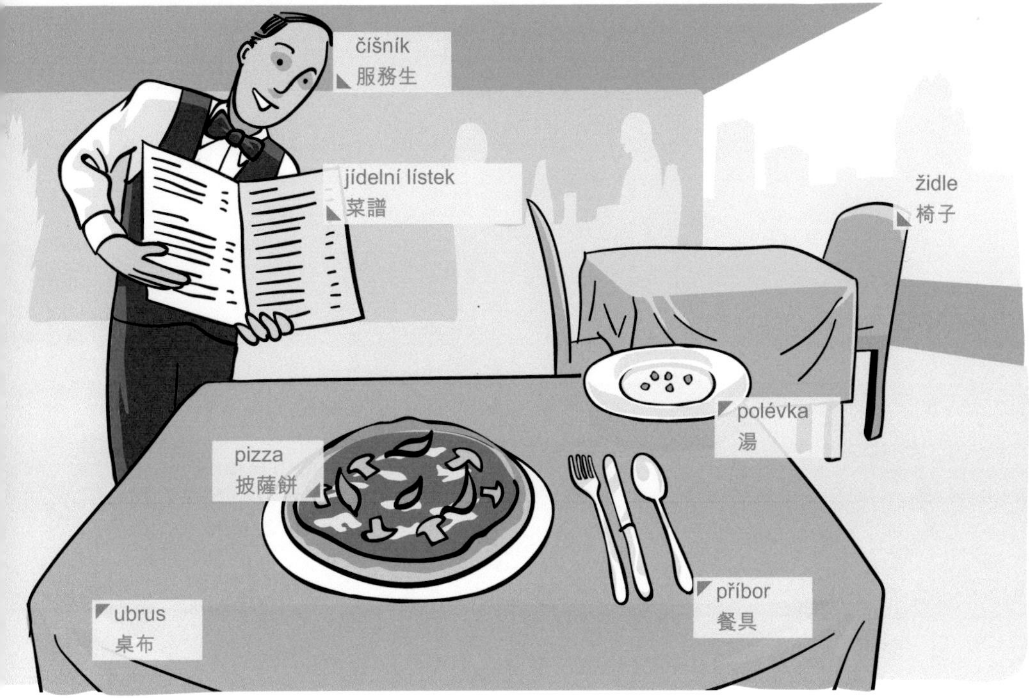

číšník
服務生
jídelní lístek
菜譜
židle
椅子
polévka
湯
pizza
披薩餅
příbor
餐具
ubrus
桌布

předkrm

前菜

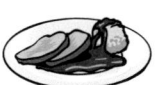

hlavní chod

主菜

dezert

甜點

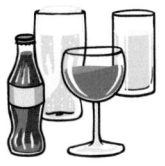

nápoje

飲料

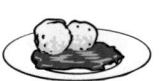

jídlo

食物

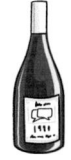

láhev

瓶子

rychlé občerstvení

速食

pouliční občerstvení

街邊小吃

čajová konvice

茶壺

cukřenka

糖盒

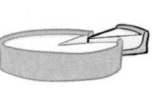

porce

一份飯菜

kávovar na espresso

義式咖啡機

dětská stolička

高腳椅

faktura

帳單

tác

托盤

nůž

刀

vidlička

餐叉

lžíce

勺子

čajová lyžička

茶匙

ubrousek

餐巾

sklenička

玻璃杯

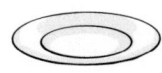

talíř

碟子

talíř na polévku

湯盤

podšálek

碟子

omáčka

醬

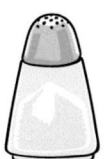

slánka

鹽瓶

mlýnek na pepř

胡椒研磨罐

ocet

醋

olej

食用油

koření

調味料

kečup

番茄醬

hořčice

芥末

majonéza

美乃滋

supermarket
超市

nabídka
特價
FOR
zákazník
顧客
mléčné výrobky
乳製品
ovoce
水果
nákupní vozík
購物車

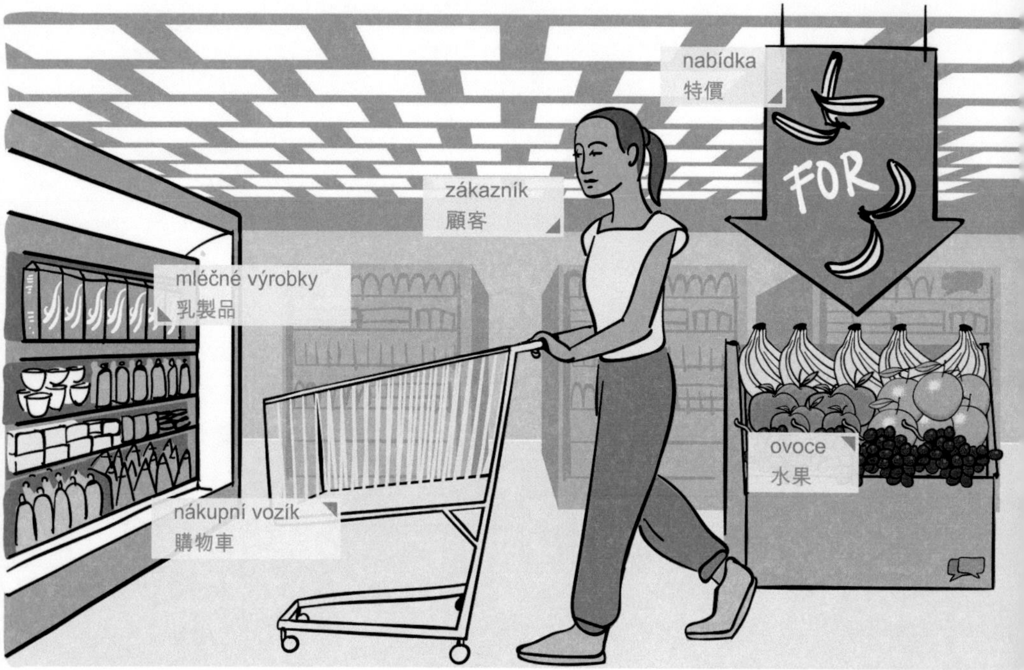

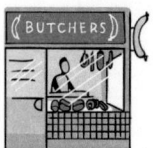

BUTCHERS

masna
肉鋪

BAKERY

pekařství
麵包店

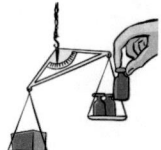

vážit
稱重

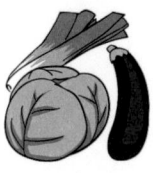

zelenina
蔬菜

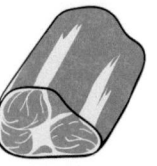

maso
肉

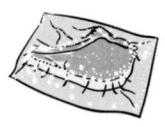

mražené potraviny
冷凍食品

obložený talíř

冷盤

konzervy

罐頭食品

prací prášek

洗衣粉

cukrovinky

甜食

výrobky pro domácnost

日用品

čisticí prostředek

清潔用品

prodavačka

銷售員

pokladna

收銀機

pokladní

收銀員

nákupní seznam

購物清單

otevírací doba

開放時間

peněženka

錢包

kreditní karta

信用卡

taška

袋子

igelitová taška

塑膠袋

voda

水

džus

果汁

mléko

牛奶

kola

可樂

víno

紅酒

pivo

啤酒

alkohol

酒

kakao

可可

čaj

茶

káva

咖啡

espresso

義式濃縮咖啡

kapučíno

卡布奇諾

banán

香蕉

jablko

蘋果

pomeranč

柳丁

meloun

西瓜

citrón

檸檬

mrkev

胡蘿蔔

česnek

大蒜

bambus

竹子

cibule

洋蔥

houba

蘑菇

ořechy

堅果

těstoviny

麵條

špageti

義大利麵

rýže

米飯

salát

沙拉

hranolky

薯條

americké brambory

炸馬鈴薯

pizza

披薩餅

hamburger

漢堡

sendvič

三明治

řízek

炸豬排

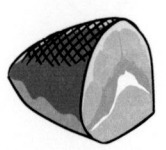

šunka

火腿

salám

義大利臘腸

salám

香腸

kuře

雞肉

pečeně

烤肉

ryby

魚

ovesné vločky

燕麥片

müsli

木斯里

vločky

玉米片

mouka

麵粉

croissant

牛角麵包

houska

麵包捲

chléb

麵包

toast

吐司

sušenky

餅乾

máslo

奶油

tvaroh

凝乳

buchta

蛋糕

vejce

蛋

volské oko

煎蛋

sýr

起司

zmrzlina

冰淇淋

cukr

糖

med

蜂蜜

marmeláda

果醬

nugátový krém

巧克力醬

kari

咖哩

usedlost
農場

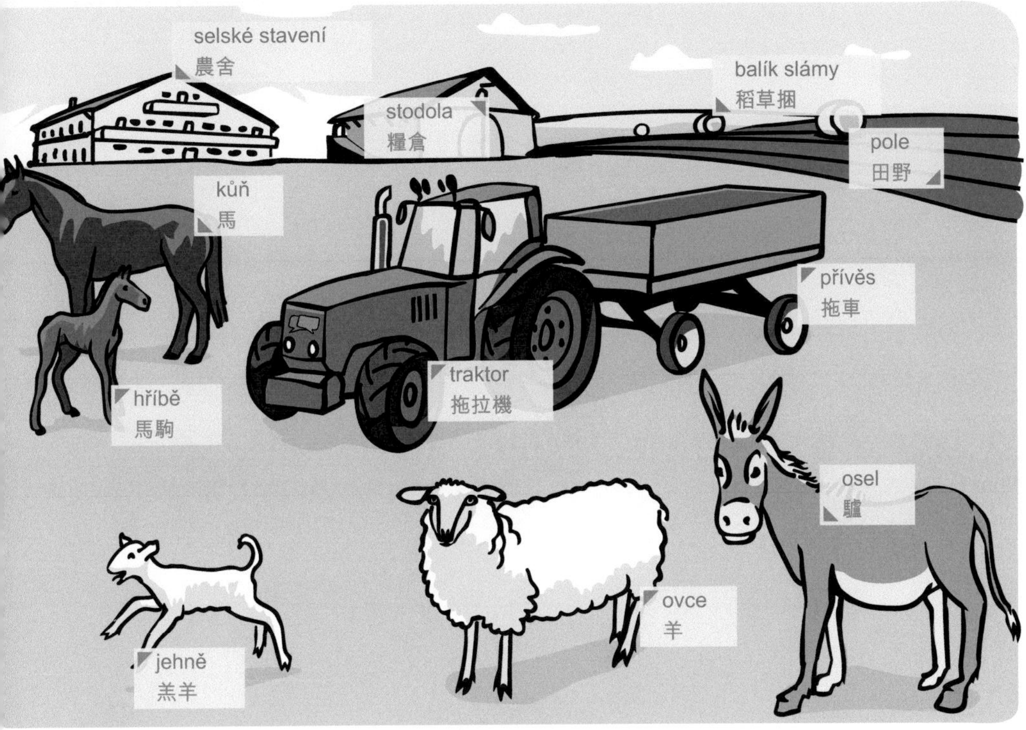
selské stavení
農舍
stodola
糧倉
balík slámy
稻草捆
pole
田野
kůň
馬
přívěs
拖車
traktor
拖拉機
hříbě
馬駒
osel
驢
ovce
羊
jehně
羔羊

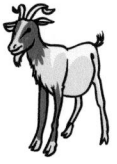

koza
山羊

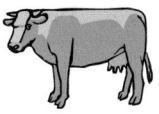

kráva
奶牛

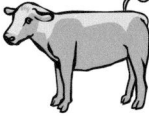

tele
小牛

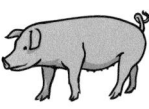

prase
豬

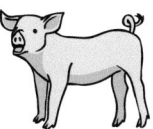

sele
小豬

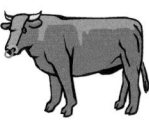

býk
公牛

husa

鵝

kachna

鴨

kuře

小雞

slepice

母雞

kohout

公雞

krysa

鼠

kočka

貓

myš

老鼠

vůl

牛

pes

狗

psí bouda

狗屋

zahradní hadice

花園澆水軟管

kropicí konev

澆水壺

kosa

長柄大鐮刀

pluh

犁

srp

鐮刀

motyka

鋤頭

vidle

長柄草耙

sekera

斧頭

kolecko

獨輪手推車

koryto

飼料槽

konev na mléko

牛奶罐

pytel

麻布袋

plot

柵欄

stáj

馬廄

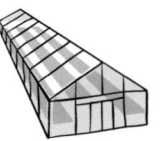

skleník

溫室

půda

土壤

osivo

種子

hnojivo

肥料

kombajn

聯合收割機

sklidit

收割

sklizeň

收割

smldinec

地瓜

pšenice

小麥

sója

大豆

brambora

土豆

kukuřice

玉米

řepka

油菜籽

ovocný strom

果樹

maniok

樹薯

obilí

穀物

dům
房子

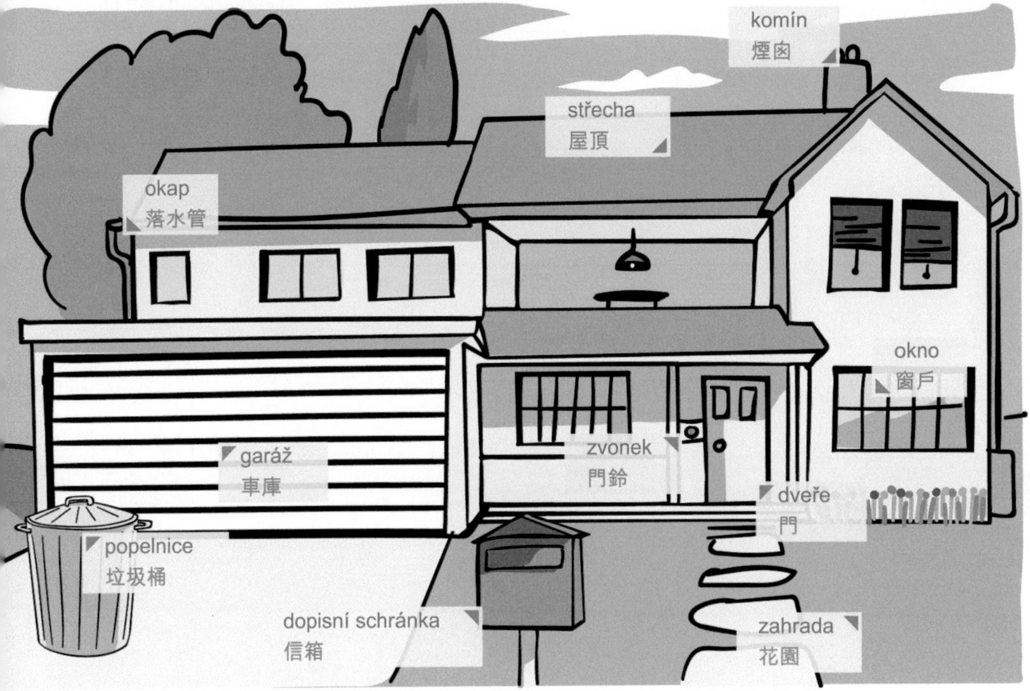

komín
煙囪
střecha
屋頂
okap
落水管
okno
窗戶
zvonek
門鈴
garáž
車庫
dveře
門
popelnice
垃圾桶
dopisní schránka
信箱
zahrada
花園

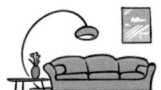

obývací pokoj
客廳

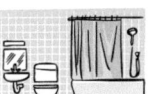

koupelna
浴室

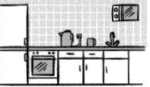

kuchyně
廚房

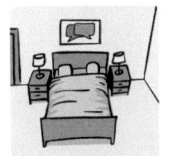

ložnice
臥室

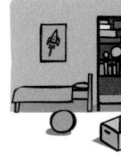

dětský pokoj
兒童房

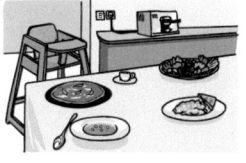

jídelna
餐廳

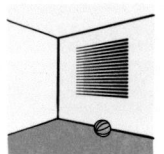

podlaha

地板

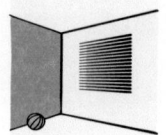

zeď

牆壁

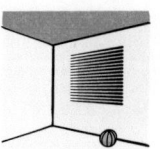

deka

天花板

sklep

地窖

sauna

三溫暖

balkón

陽臺

terasa

露臺

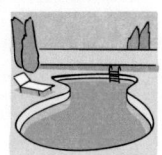

bazén

游泳池

sekačka na trávu

割草機

ložní prádlo

被單

lůžková přikrývka

床罩

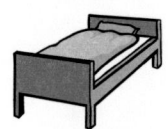

postel

床

smeták

掃帚

kýbl

水桶

vypínač

開關

obývací pokoj
客廳

tapeta
壁紙
obrázek
相片
žárovka
檯燈
police
擱架
skříň
櫥櫃
televizor
電視
komín
壁爐
květina
花
polštář
墊子
gauč
沙發
váza
花瓶
dálkový ovladač
遙控器

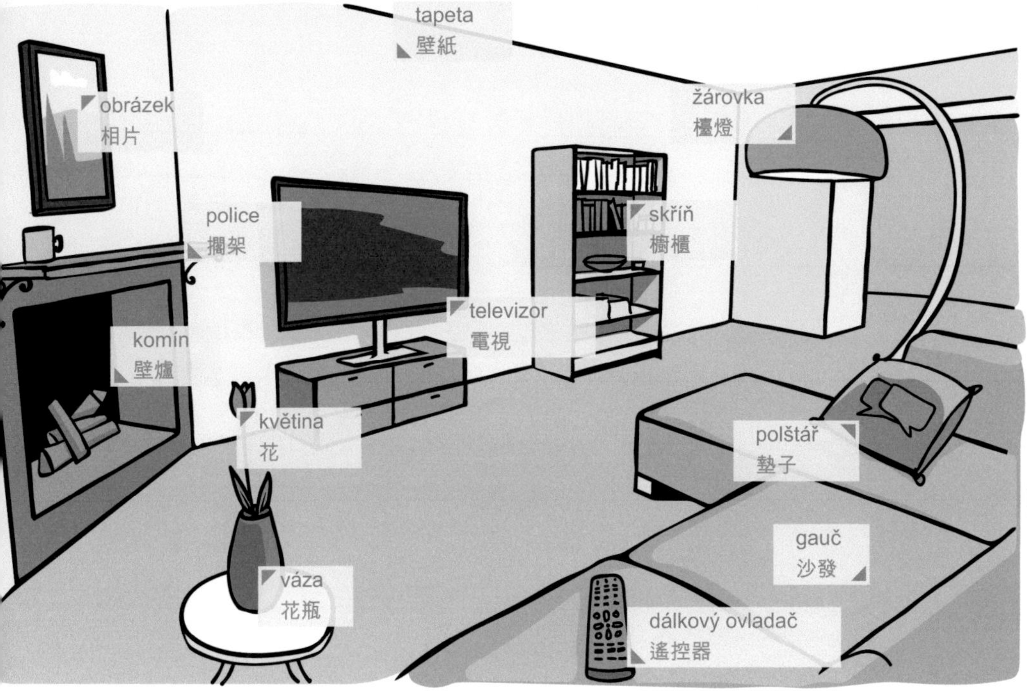

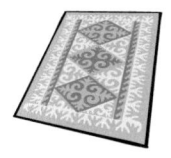

koberec

地毯

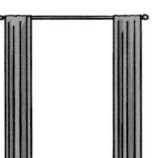

závěs

窗簾

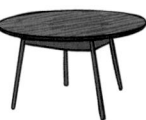

stůl

餐桌

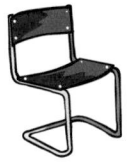

židle

椅子

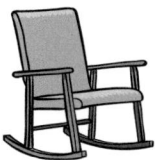

houpací křeslo

搖椅

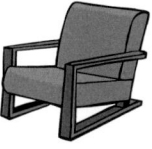

křeslo

扶手椅

kniha

書

strop

毯子

ozdoba

裝飾品

palivové dříví

木柴

film

電影

stereo souprava

高傳真音響

klíč

鑰匙

noviny

報紙

malba

油畫

plakát

海報

rádio

收音機

poznámkový blok

筆記本

vysavač

吸塵器

kaktus

仙人掌

svíce

蠟燭

kuchyně
廚房

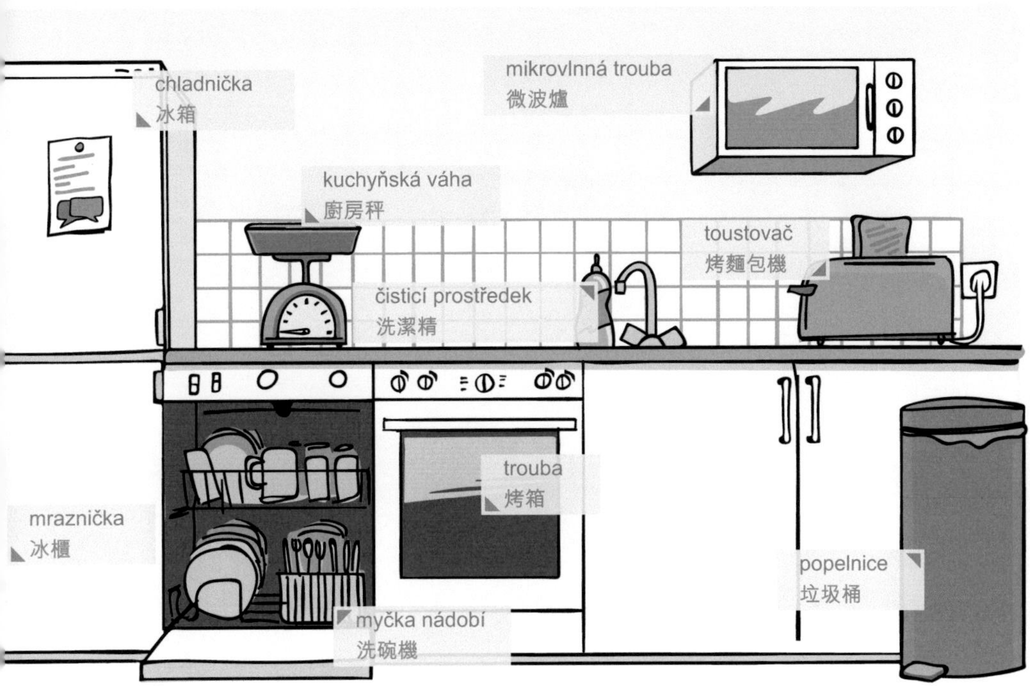

chladnička
冰箱
mikrovlnná trouba
微波爐
kuchyňská váha
廚房秤
toustovač
烤麵包機
čisticí prostředek
洗潔精
trouba
烤箱
mraznička
冰櫃
popelnice
垃圾桶
myčka nádobí
洗碗機

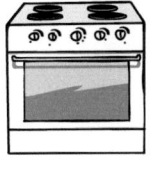

sporák

炊具

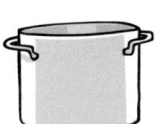

hrnec

鍋

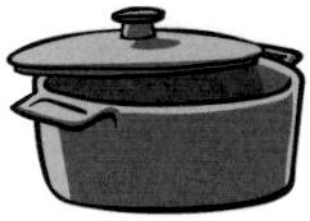

litinový hrnec

鑄鐵鍋

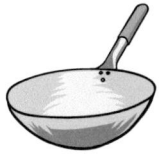

wok / kadai

炒鍋

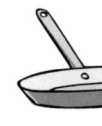

pánev

平底鍋

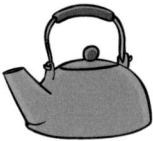

varná konvice

水壺

parní hrnec

蒸鍋

plech na pečení

烤盤

nádobí

陶瓷鍋

hrnek

馬克杯

miska

碗

jídelní hůlky

筷子

naběračka

長柄勺

obracečka

鏟子

metla

攪拌器

síto

濾網

cedník

篩子

struhadlo

磨碎機

hmoždíř

研缽

gril

燒烤

ohniště

明火

prkénko na krájení

菜板

váleček na těsto

擀麵杖

vývrtka

開瓶器

dóza

罐子

otvírák na konzervy

開罐器

chňapka

隔熱手套

umyvadlo

水槽

kartáč na nádobí

刷子

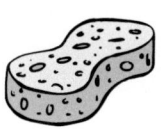

houba

海綿

mixér

攪拌機

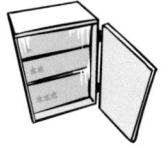

mrazák

冷藏箱

dětská lahev

奶瓶

kohoutek

水龍頭

koupelna

浴室

topení
供暖裝置
sprcha
淋浴
ručník
毛巾
sprchový závěs
浴簾
pěnová koupel
泡沫浴
vana
浴缸
sklenička
玻璃杯
pračka
洗衣機
kohoutek
水龍頭
obkladačky
瓷磚
nočník
便壺
umyvadlo
水槽

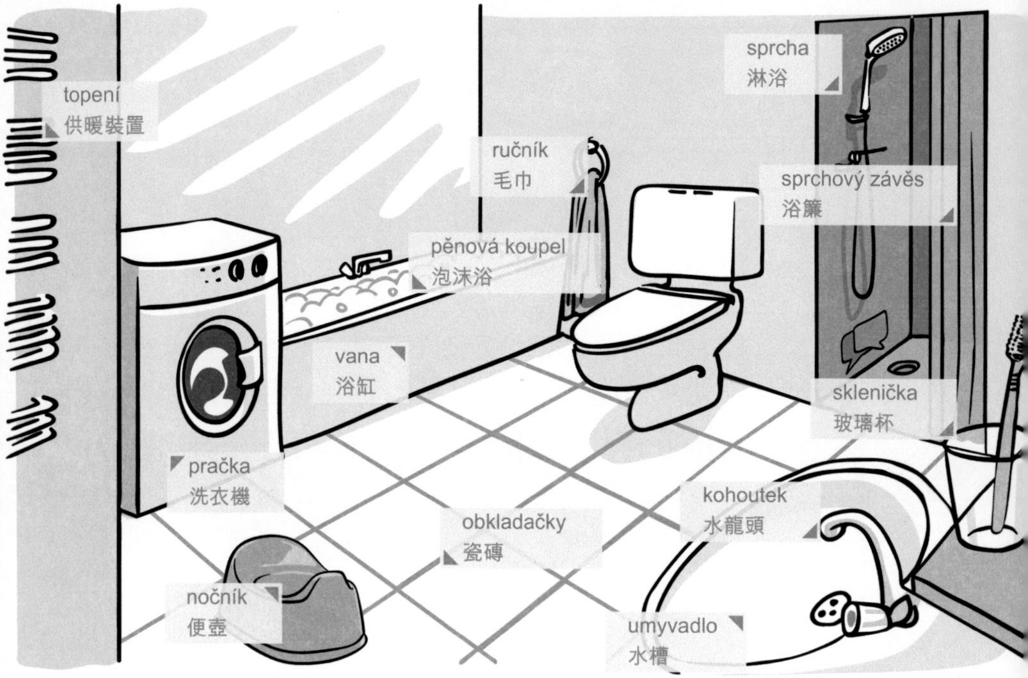

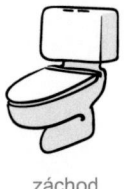

záchod

廁所

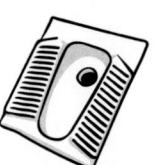

turecký záchod

蹲便器

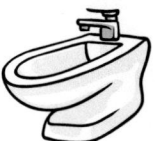

bidet

坐浴器

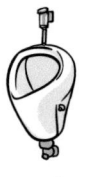

pisoár

小便斗

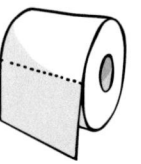

toaletní papír

廁紙

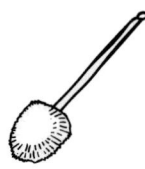

záchodová štětka

馬桶刷

zubní kartáček

牙刷

zubní pasta

牙膏

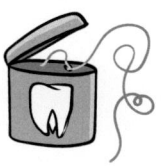

zubní niť

牙線

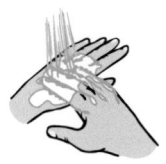

mýt

洗

ruční sprcha

手持式蓮蓬頭

intimní sprcha

沖洗器

umyvadlo

洗臉盆

kartáč na záda

洗背刷

mýdlo

肥皂

sprchový gel

沐浴露

šampón

洗髮乳

žínka

法蘭絨

odpad

排水

krém

乳霜

deodorant

除臭劑

zrcadlo

鏡子

kosmetické zrcátko

手鏡

holicí strojek

刮鬍刀

pěna na holení

刮鬍泡沫

voda po holení

鬍後水

hřeben

梳子

kartáč

刷子

fén

吹風機

lak na vlasy

噴髮定型劑

makeup

化妝品

rtěnka

唇膏

lak na nehty

指甲油

vata

化妝棉

nůžky na nehty

指甲剪

parfém

香水

aška s toaletními potřebami

洗漱包

stolička

凳子

váha

計重秤

župan

浴袍

gumové rukavice

橡膠手套

tampón

衛生棉條

dámská vložka

衛生棉

chemická toaleta

化學廁所

dětský pokoj

兒童房

budík
鬧鐘
plyšová hračka
毛絨玩具
autíčko
玩具車
chrastítko
撥浪鼓
domeček pro panenky
玩具屋
dárek
禮物

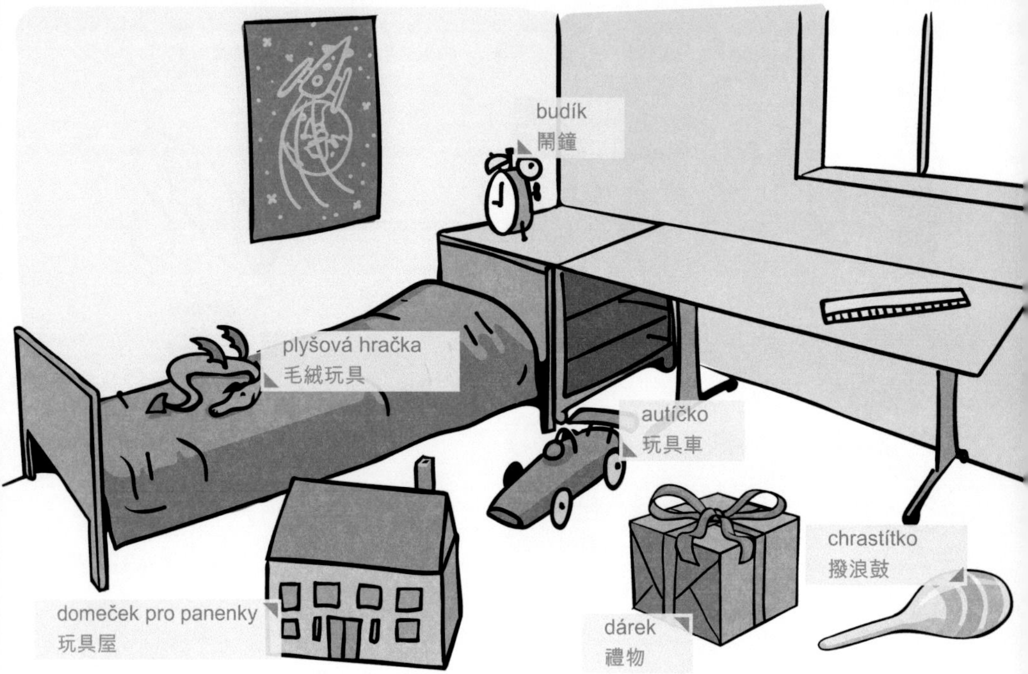

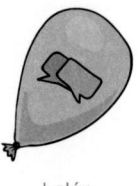

balón

氣球

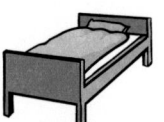

postel

床

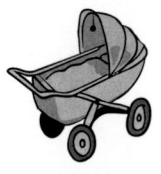

kočárek

嬰兒車

balíček karet

撲克牌

puzzle

拼圖

SUPER
MEGA

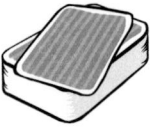

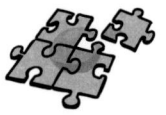

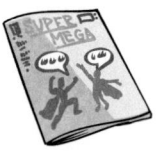

komiks

漫畫

lego kostky

樂高積木

stavebnice

積木玩具

akční figurka

公仔

dupačky

嬰兒服

frisbee

飛盤

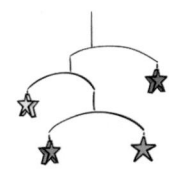

závěsné hračky nad postýlku

床鈴玩具

desková hra

棋盤遊戲

kostky

骰子

modelová železnice

火車模型

dudlík

安撫奶嘴

oslava

派對

obrázková kniha

繪本

míč

球

panenka

洋娃娃

hrát si

玩

pískoviště

沙坑

houpačka

鞦韆

hračky

玩具

hrací konzole

電玩遊戲

tříkolka

三輪車

medvídek

泰迪熊

šatník

衣櫃

oblečení

衣服

ponožky

襪子

punčochy

長襪

punčochové kalhoty

緊身褲

šála
圍巾

deštník
雨傘

tričko
T恤

pásek
皮帶

kozačky
靴子

domácí obuv
拖鞋

tenisky
運動鞋

sandály

涼鞋

obuv

鞋

holínky

雨靴

spodní prádlo

內褲

podprsenka

胸罩

nátělník

背心

oblečení - 衣服 45

body

身體

kalhoty

褲子

džíny

牛仔褲

sukně

短裙

blůza

女式襯衫

košile

襯衫

svetr

套頭衫

mikina

連帽上衣

blejzr

西裝夾克

bunda

夾克

kabát

外套

pláštěnka

雨衣

kostým

套裝

šaty

連衣裙

svatební šaty

婚紗

oblek

西裝

noční košile

睡袍

pyžamo

睡衣

sárí

莎麗

šátek na hlavu

頭巾

turban

包頭巾

burka

波卡

kaftan

卡夫坦

abája

(阿拉伯式)長袍

plavky

泳衣

pánské plavky

男式泳褲

kraťasy

短褲

teplákova souprava

運動服

zástěra

圍裙

rukavice

手套

knoflík

鈕扣

brýle

眼鏡

náramek

手鏈

náhrdelník

項鍊

prsten

戒指

náušnice

耳環

čepice

便帽

ramínko

衣架

klobouk

帽子

kravata

領帶

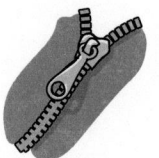

zip

拉鍊

helma

安全帽

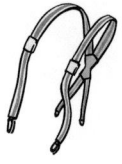

kšandy

背帶

školní uniforma

校服

uniforma

制服

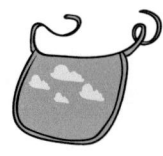

bryndák

圍兜

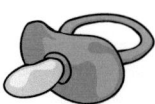

dudlík

安撫奶嘴

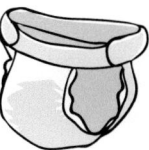

plena

尿布

kancelář
辦公室

server
伺服器
kartotéka
檔案櫃
tiskárna
印表機
papír
紙
monitor
螢幕
myš
滑鼠
psací stůl
辦公桌
šanon
資料夾
klávesnice
鍵盤
odpadkový koš na papír
廢紙簍
počítač
電腦
židle
椅子

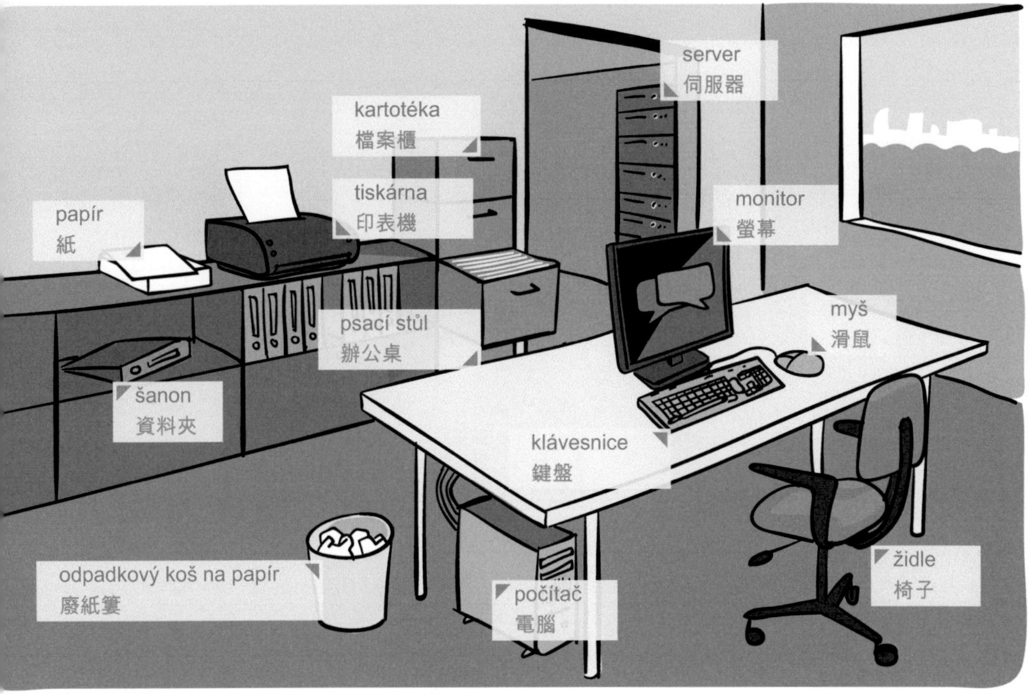

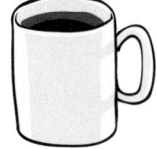

hrnek na kávu

咖啡杯

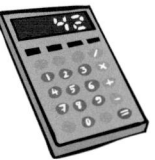

kalkulačka

計算機

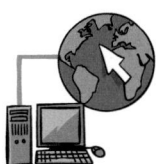

internet

網際網路

notebook

筆記型電腦

dopis

信件

zpráva

簡訊

mobil

行動電話

síť

網路

kopírka

影印機

software

軟體

telefon

電話

zásuvka

插座

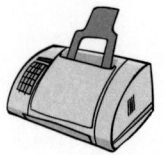

fax

傳真機

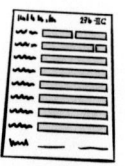

formulář

表格

dokument

檔案

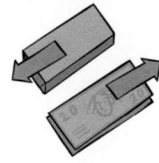

nakupovat

買

zaplatit

付錢

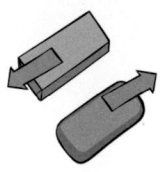

jednat

交易

peníze

現金

dolar

美元

euro

歐元

jen

日元

rubl

盧布

frank

瑞士法郎

juan

人民幣

rupie

盧比

bankomat

提款處

směnárna

外幣兌換處

zlato

金

stříbro

銀

olej

石油

energie

能源

cena

價格

smlouva

合約

daň

稅金

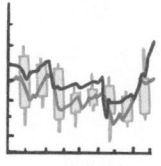

akcie

股票

pracovat

工作

zaměstnanec

職員

zaměstnavatel

老闆

továrna

工廠

obchod

商店

povolání
職業

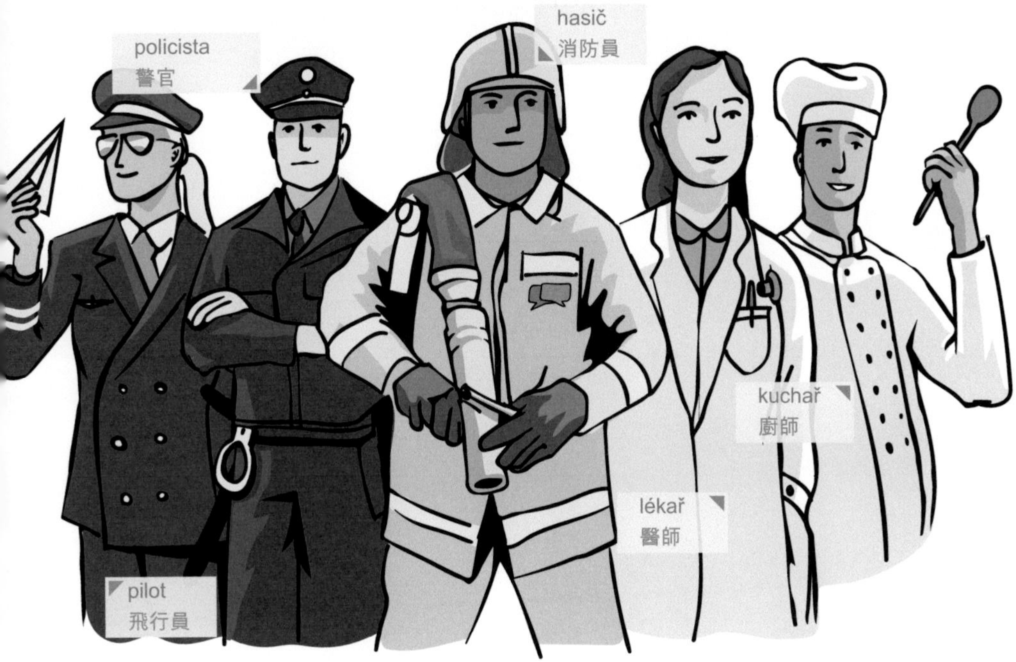

policista
警官
hasič
消防員
kuchař
廚師
lékař
醫師
pilot
飛行員

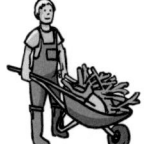

zahradník

園丁

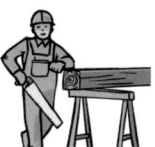

truhlář

木匠

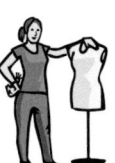

švadlena

裁縫

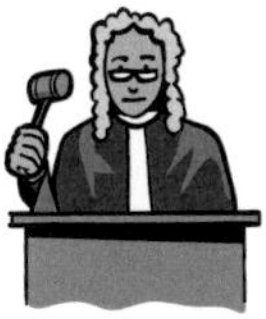

soudce

法官

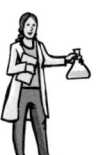

chemik

化學家

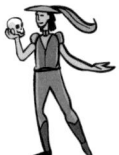

herec

演員

řidič autobusu

公車司機

řidič taxi

計程車司機

rybář

漁夫

uklízečka

清洗女工

pokrývač

屋頂工

číšník

服務生

myslivec

獵人

malíř

畫家

pekař

麵包師

elektrikář

電工

stavební dělník

建築工人

inženýr

工程師

řezník

屠夫

klempíř

水管工

listonoš

郵差

voják

士兵

architekt

建築師

pokladní

收銀員

florista

花農

kadeřník

理髮師

průvodčí

售票員

mechanik

機械技師

kapitán

船長

zubař

牙醫

vědec

科學家

rabín

拉比

imám

伊瑪目

mnich

和尚

duchovní

牧師

nářadí

工具

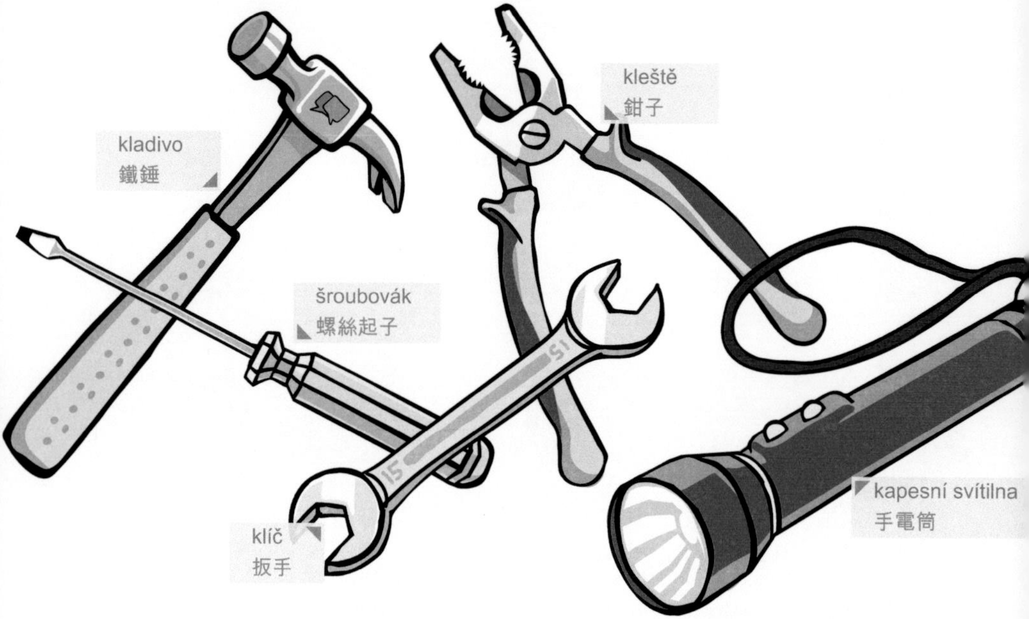

kladivo
鐵錘
kleště
鉗子
šroubovák
螺絲起子
klíč
扳手
kapesní svítilna
手電筒

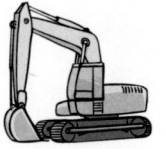

bagr

挖掘機

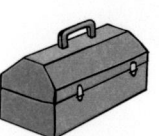

skříň na nářadí

工具箱

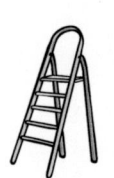

žebřík

梯子

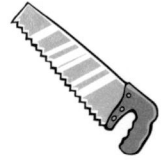

pila

鋸子

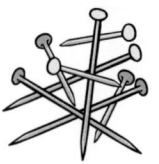

hřebíky

釘子

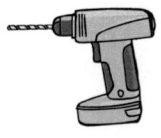

vrtačka

鑽機

opravit

修

lopata

鏟子

Kurva!

糟糕！

lopatka

畚箕

vědroé na barvu

油漆桶

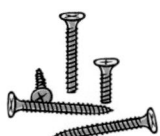

šrouby

螺絲

hudební nástroje

樂器

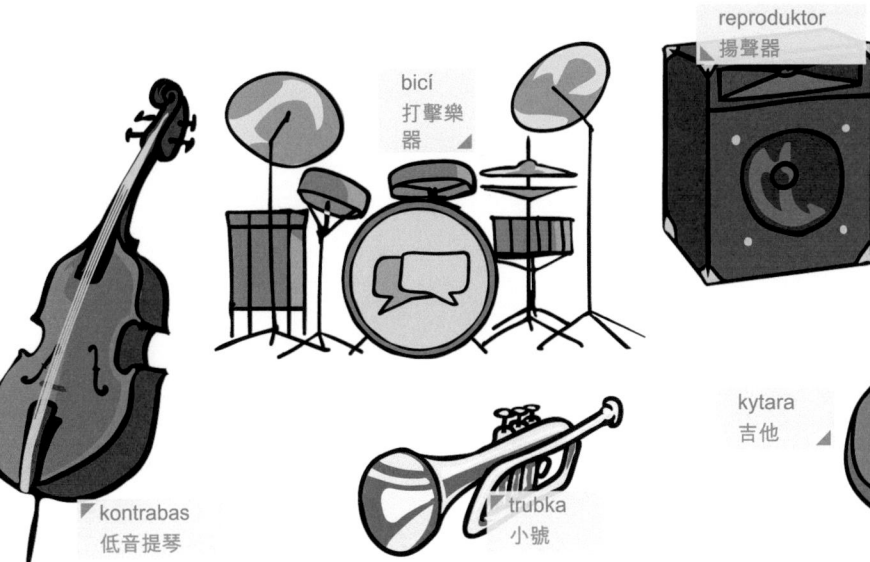

reproduktor
揚聲器

bicí
打擊樂
器

kytara
吉他

kontrabas
低音提琴

trubka
小號

klavír

鋼琴

housle

小提琴

basa

貝斯

tympán

定音鼓

bubny

鼓

keyboard

電子琴

saxofon

薩克斯風

flétna

長笛

mikrofon

麥克風

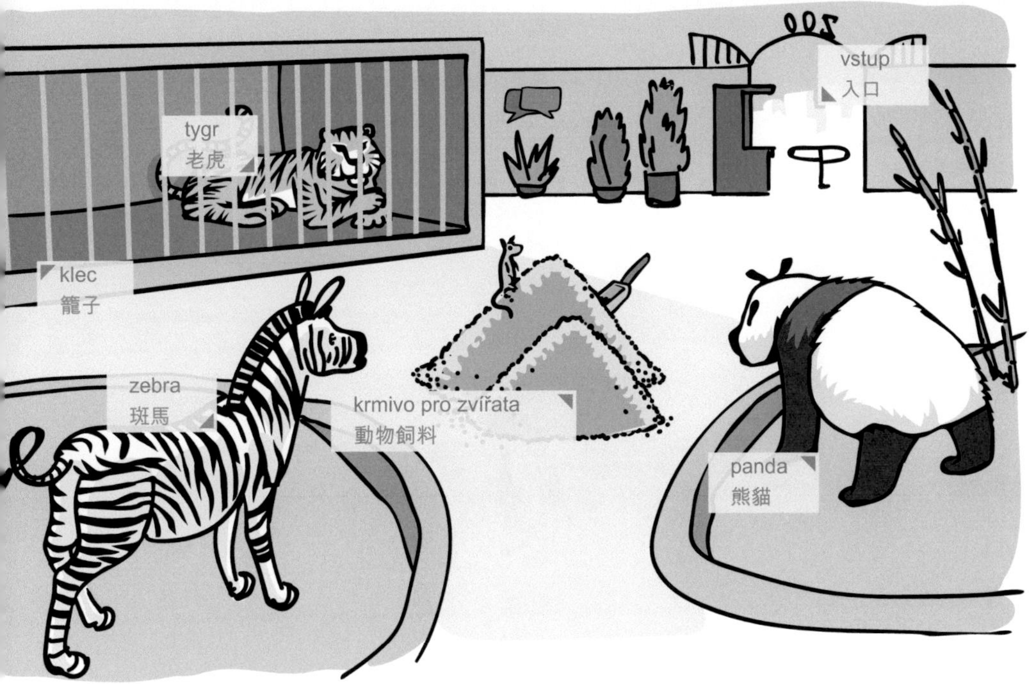
zoo
vstup
入口
tygr
老虎
klec
籠子
zebra
斑馬
krmivo pro zvířata
動物飼料
panda
熊貓

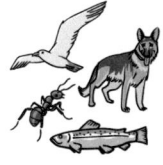

zvířata

動物

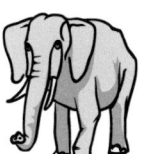

slon

大象

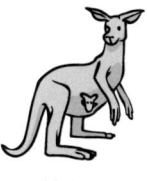

klokan

袋鼠

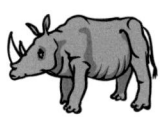

nosorožec

犀牛

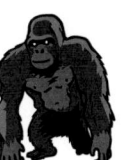

gorila

大猩猩

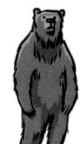

medvěd

熊

velbloud

駱駝

pštros

鴕鳥

lev

獅子

opice

猴子

plameňák

紅鶴

papoušek

鸚鵡

lední medvěd

北極熊

tučňák

企鵝

žralok

鯊魚

páv

孔雀

had

蛇

krokodýl

鱷魚

ošetřovatel zvířat

動物園管理員

tuleň

海豹

jaguár

美洲豹

poník

矮種馬

leopard

豹

hroch

河馬

žirafa

長頸鹿

orel

老鷹

divoké prase

野豬

ryby

魚

želva

龜

mrož

海象

liška

狐狸

gazela

羚羊

americký fotbal
橄欖球

cyklistika
騎腳踏車

tenis
網球

košíková
籃球

plavání
游泳

box
拳擊

lední hokej
冰球

kopaná

美式足球

badminton

羽毛球

lehká atletika

田徑

házená

手球

běh na lyžích

滑雪

vodní pólo

馬球

skočit
跳

smát se
笑

objímat
擁抱

jít
走路

zpívat
唱

snít
做夢

modlit se
祈禱

políbit
親吻

psát
書寫

kreslit
畫

ukazovat
展示

tlačit
推

dát
給

vzít si
拿

mít

有

dělat

做

být

當

stát

站

běhat

跑

táhnout

拉

hodit

丟

padat

摔倒

ležet

躺

čekat

等待

nosit

攜帶

sedět

坐

oblékat

穿衣

spát

睡覺

vzbudit se

醒來

prohlédnout si

看

plakat

哭

pohladit

擊

česat

梳頭

hovořit

交談

rozumět

明白

ptát se

問

slyšet

聽

pít

喝

jíst

吃

uklidit

清理

milovat

愛

vařit

做飯

jet

開車

letět

飛

plachtit

航行

počítat

計算

číst

讀

učit se

學習

pracovat

工作

vzít si

結婚

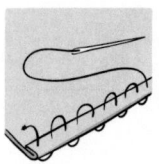

šít

縫

čistit si zuby

刷牙

zabít

殺

kouřit

抽菸

poslat

寄

rodina

家

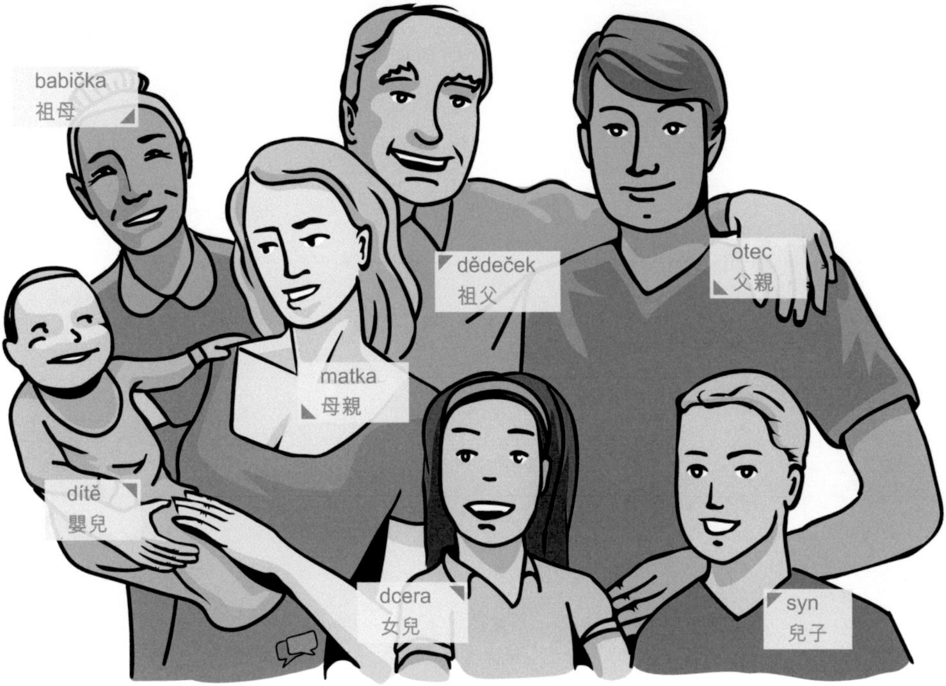
babička
祖母
dědeček
祖父
otec
父親
matka
母親
dítě
嬰兒
dcera
女兒
syn
兒子

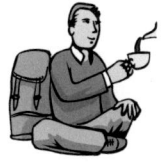

host

客人

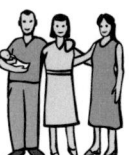

teta

阿姨

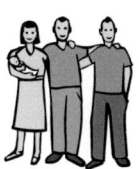

strýc

叔叔

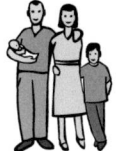

bratr

兄弟

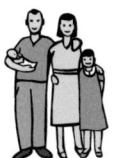

sestra

姐妹

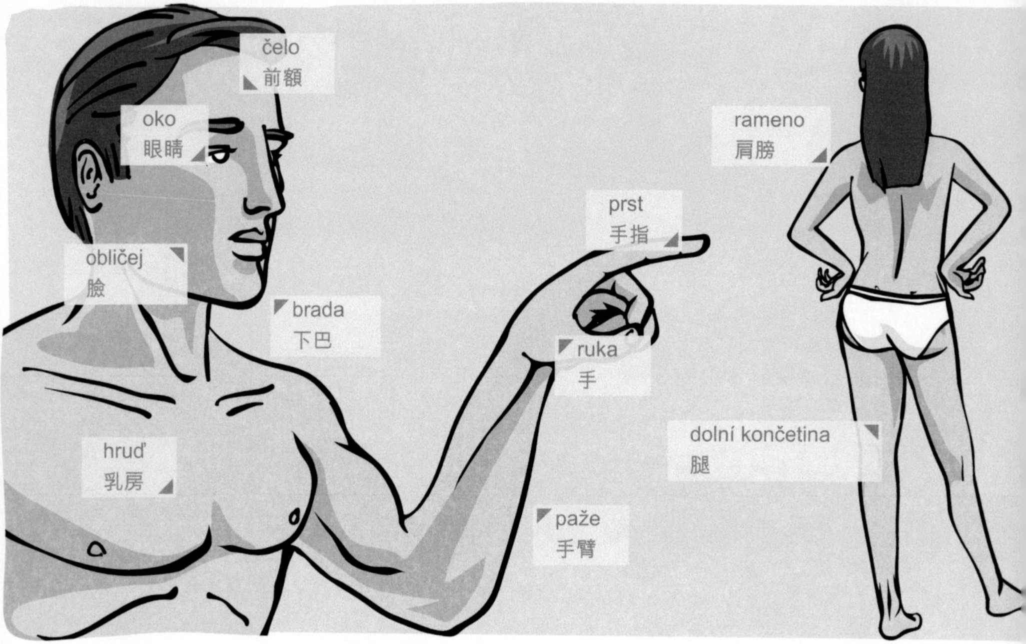

čelo
前額

oko
眼睛

rameno
肩膀

prst
手指

obličej
臉

brada
下巴

ruka
手

dolní končetina
腿

hruď
乳房

paže
手臂

dítě

嬰兒

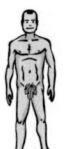

muž

男人

žena

女人

dívka

女孩

chlapec

男孩

hlava

頭

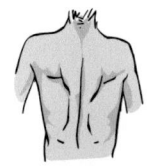

záda

背部

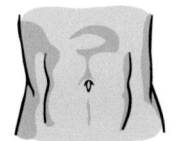

břicho

肚子

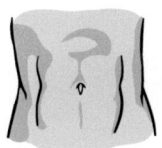

pupík

肚臍

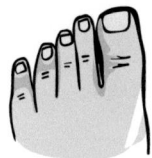

prst na noze

腳趾

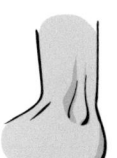

pata

腳後跟

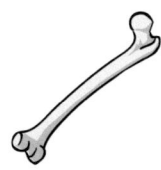

kost

骨頭

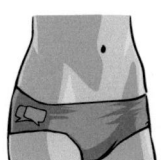

bok

臀部

koleno

膝蓋

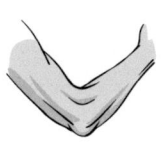

loket

手肘

nos

鼻子

zadek

屁股

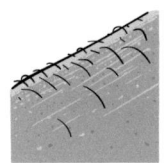

kůže

皮膚

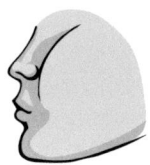

tvář

臉頰

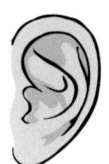

ucho

耳朵

ret

嘴唇

tělo - 身體

ústa

嘴

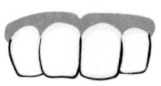

zub

牙齒

jazyk

舌頭

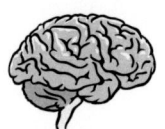

mozek

腦

srdce

心臟

sval

肌肉

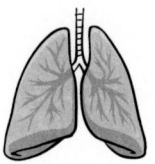

plíce

肺

játra

肝臟

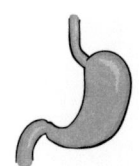

žaludek

胃

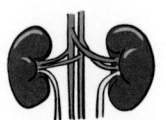

ledviny

腎臟

pohlavní styk

性交

kondom

保險套

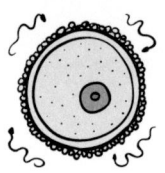

vajíčko

卵子

sperma

精子

těhotenství

懷孕

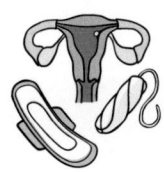

menstruace

月事

vagina

陰道

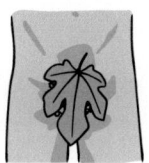

penis

陰莖

obočí

眉毛

vlasy

頭髮

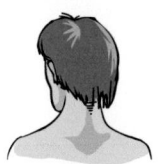

krk

脖子

tělo - 身體

71

nemocnice
醫院

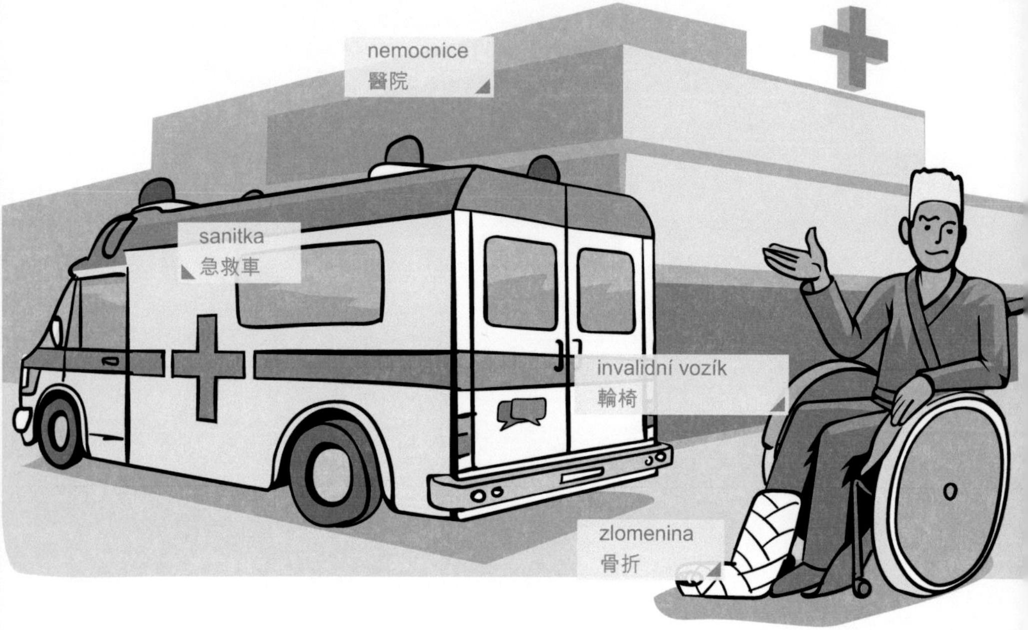

nemocnice
醫院
sanitka
急救車
invalidní vozík
輪椅
zlomenina
骨折

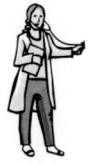

lékař

醫師

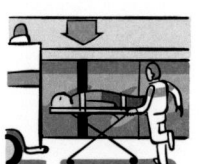

pohotovost

急診室

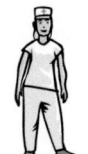

zdravotní sestra

護理師

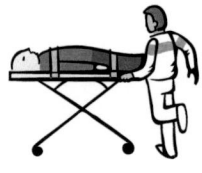

urgentní případ

緊急情形

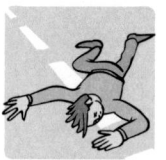

v bezvědomí

昏迷

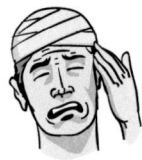

bolest

痛

úraz

受傷

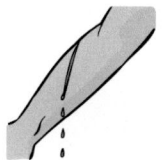

krvácení

出血

infarkt myokardu

心臟病發作

cévní mozková příhoda

中風

alergie

過敏

kašel

咳嗽

horečka

發燒

chřipka

流感

průjem

腹瀉

bolest hlavy

頭痛

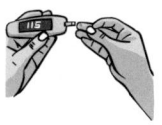

rakovina

癌症

cukrovka

糖尿病

chirurg

外科醫師

skalpel

手術刀

operace

手術

CT

電腦斷層掃描

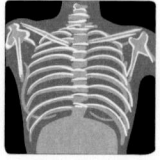

rentgen

X光

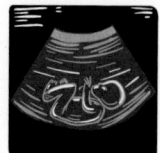

ultrazvuk

超音波

maska

口罩

nemoc

疾病

čekárna

候診室

berle

拐杖

náplast

石膏

obvaz

繃帶

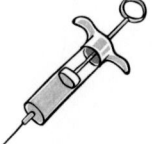

injekce

注射

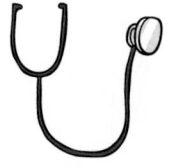

stetoskop

聽診器

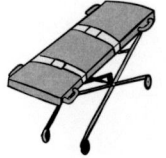

nosítka

擔架

teploměr

體溫計

porod

出生

nadváha

超重

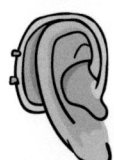

naslouchátko

助聽器

dezinfekční prostředek

消毒液

infekce

感染

virus

病毒

HIV / AIDS

愛滋病

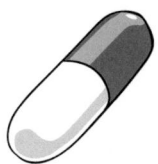

lékařství

藥物

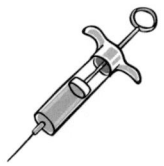

očkování

接種疫苗

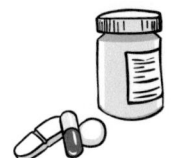

tablety

藥片

pilulka

藥丸

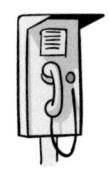

tísňové volání

急救電話

tonometr

血壓計

nemocný / zdravý

生病/健康

Pomoc!	poplach	přepadení
救命！	警報	突擊

napadení	nebezpečí	nouzový východ
攻擊	危險	緊急出口

Hoří!	hasicí přístroj	nehoda
失火了！	滅火器	意外

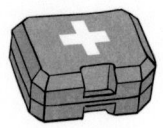

zdravotnická brašna	SOS	policie
急救箱	呼救訊號	員警

Evropa

歐洲

Severní Amerika

北美洲

Jižní Amerika

南美洲

Afrika

非洲

Asie

亞洲

Austrálie

澳洲

Atlantik

大西洋

Pacifik

太平洋

Indický oceán

印度洋

Jižní ledový oceán

南冰洋

Severní ledový oceán

北冰洋

severní pól

北極

jižní pól

南極

Antarktida

南極洲

země

地球

pevnina

陸地

moře

海

ostrov

島

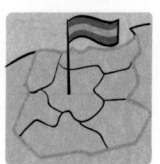

národ

國家

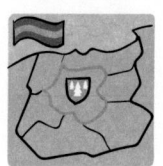

stát

州

ciferník

錶盤

hodinová ručička

時針

minutová ručička

分針

vteřinová ručička

秒針

Kolik je hodin?

現在幾點？

den

天

čas

時間

teď

現在

digitální hodinky

電子錶

minuta

分

hodina

時

pondělí
週一

MO

středa
週三

W

pátek
週五

FR

TU

úterý
週二

TH

sobota
週六

SA

SO

čtvrtek
週四

neděle
週日

TUE / MON 21 ✕

včera
昨天

TUE 2 ✕

dnes
今天

TUE 3 ✕

zítra
明天

ráno
早晨

poledne
中午

večer
晚上

MO	TU	WE	TH	FR	SA	SU
1	2	3	4	5	6	7
8	9	10	11	12	13	14
15	16	17	18	19	20	21
22	23	24	25	26	27	28
29	30	31	1	2	3	4

pracovní dny
工作日

MO	TU	WE	TH	FR	SA	SU
1	2	3	4	5	6	7
8	9	10	11	12	13	14
15	16	17	18	19	20	21
22	23	24	25	26	27	28
29	30	31	1	2	3	4

víkend
週末

déšť
雨

duha
彩虹

vítr
風

sníh
雪

jaro
春

léto
夏

podzim
秋

zima
冬

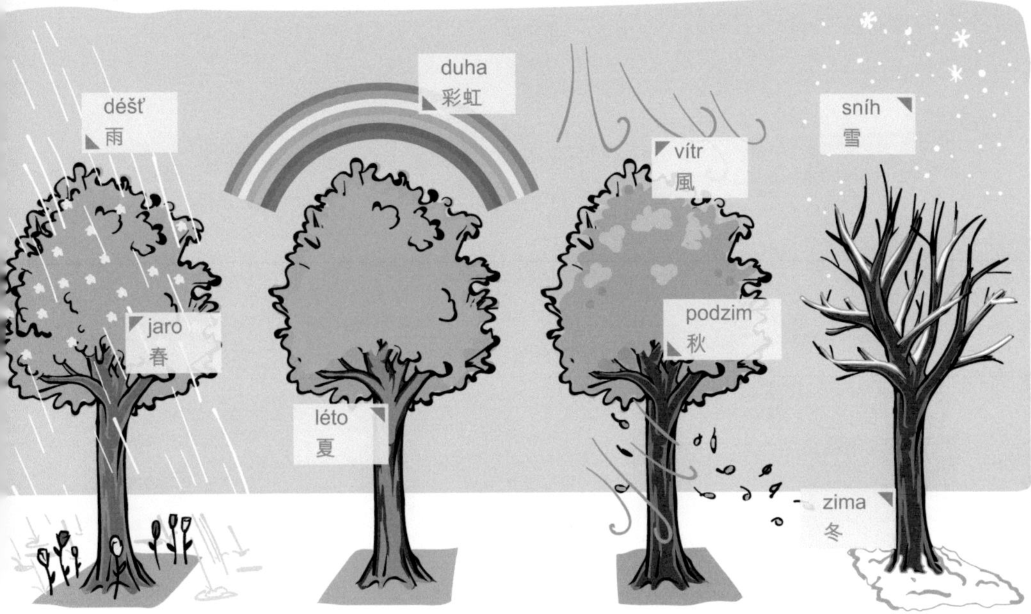

předpověď počasí

天氣預告

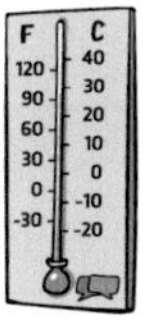

teploměr

溫度計

sluneční svit

陽光

mrak

雲

mlha

霧

vlhkost

潮濕

blesk

閃電

hrom

打雷

bouřka

風暴

kroupy

冰雹

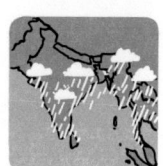

monzun

季風

povodeň

洪水

led

冰

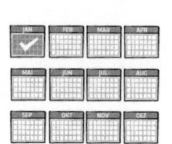

leden

一月

únor

二月

březen

三月

duben

四月

květen

五月

červen

六月

červenec

七月

srpen

八月

září

九月

říjen

十月

listopad

十一月

prosinec

十二月

tvary

形狀

kruh

圓形

čtverec

正方形

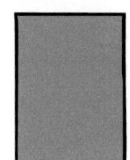

obdélník

長方形

trojúhelník

三角形

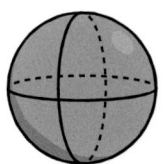

koule

球體

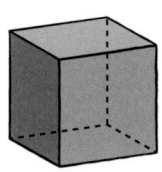

krychle

立方體

bílá

白

žlutá

黄

oranžová

橙

růžová

粉

červená

紅

fialová

紫

modrá

藍

zelená

綠

hnědá

棕

šedá

灰

černá

黑

hodně / málo

很多/少許

rozzuřený / mírumilovný

生氣/平靜

krásný / ošklivý

美/醜

začátek / konec

首/尾

velký / malý

大/小

světlý / tmavý

明/暗

bratr / sestra

兄弟/姐妹

čistý / špinavý

乾淨/骯髒

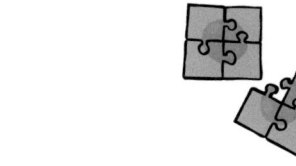

úplný / neúplný

完整/缺失

den / noc

白天/晚上

mrtvý / živý

死/生

široký / úzký

寬/窄

jedlý / nejedlý

可食用/非食用

zlý / hodný

邪惡/善良

vzrušený / znuděný

興奮/無聊

tlustý / hubený

胖/瘦

nejdříve / naposledy

第一/最後

přítel / nepřítel

朋友/敵人

plný / prázdný

滿/空

tvrdý / měkký

硬/軟

těžký / lehký

重/輕

hlad / žízeň

餓/渴

nemocný / zdravý

生病/健康

ilegální / legální

非法/合法

inteligentní / hloupý

聰明/愚笨

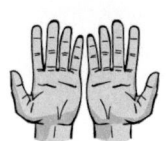

vlevo / vpravo

左/右

blízko / daleko

近/遠

nový / použitý

新/舊

nic / něco

沒有/有些

starý / mladý

老/幼

zapnutý / vypnutý

開/關

otevřeno / zavřeno

打開/闔上

tichý / hlasitý

安靜/吵鬧

bohatý / chudý

富/窮

správný / špatný

對/錯

drsný / hladký

粗糙/光滑

smutný / šťastný

傷心/高興

krátký / dlouhý

短/長

pomalý / rychlý

慢/快

vlhký / suchý

濕/乾

teplý / chladný

溫暖/涼爽

válka / mír

戰爭/和平

0

nula

零

1

jedna

一

2

dva

二

3

tři

三

4

čtyři

四

5

pět

五

6

šest

六

7

sedm

七

8

osm

八

9

devět

九

10

deset

十

11

jedenáct

十一

12

dvanáct

十二

13

třináct

十三

14

čtrnáct

十四

15

patnáct

十五

16

šestnáct

十六

17

sedmnáct

十七

18

osmnáct

十八

19

devatenáct

十九

20

dvacet

二十

100

sto

百

1.000

tisíc

千

1.000.000

milion

百萬

angličtina

英語

americká angličtina

美式英語

standardní čínština

普通話

hindština

印地語

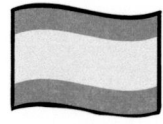

španělština

西班牙語

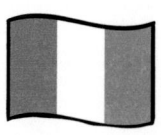

francouzština

法語

arabština

阿拉伯語

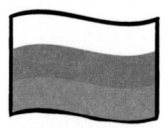

ruština

俄語

portugalština

葡萄牙語

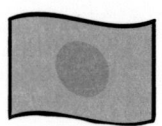

bengálština

孟加拉語

němčina

德語

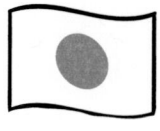

japonština

日語

já

我

ty

你

on / ona / ono

他/她/它

my

我們

vy

你們

oni

他們

Kdo?

誰？

Co?

什麼？

Jak?

如何？

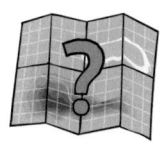

Kde?

何處？

Kdy?

何時？

jméno

名字

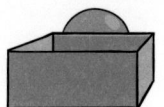

za

後面

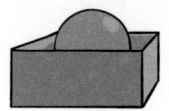

do

裡面

z

前面

nad

上方

na

上面

mezi

下麵

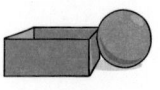

vedle

旁邊

mezi

中間

místo

地點